KIWY 청소년 성경공부 시즌 쓰리 ❸ 사회생활 플러스(학생용)

하.나.님.과. 함.께. 세.상. 속.에.서. 바.로.서.기.

KIWY 청소년 성경공부 학생용

KTWY 청소년 성경공부 시즌 쓰리 ③ 사회생활+ (학생용)

하나님과 함께 세상 속에서 바로서기

시즌 쓰리 3

좋은씨앗

키위 청소년 성경공부 시즌 쓰리 ❸ 사회생활 플러스(학생용)

하나님과 함께 세상 속에서 바로서기

초판 1쇄 발행_ 2014년 8월 12일
초판 3쇄 발행_ 2024년 3월 10일

지은이_ 이재욱, 김용철, 문근식, 박건용, 이영표
일러스트_ 오정희
펴낸이_ 신은철
펴낸곳_ 좋은씨앗
출판등록_ 제4-385호(1999.12.21)
주소_ 서울시 서초구 바우뫼로 156, 양재동 MJ빌딩 402호
주문전화_ 02-2057-3041 주문팩스_ 02-2057-3042
페이스북_ facebook.com/goodseedbook
ISBN 978-89-5874-228-9 04230
ISBN 978-89-5874-161-9 (세트)

책머리에

신앙 인격이 형성되는 청소년기는 체계적인 성경 교육이 무엇보다 중요한 시기입니다. 그러나 안타깝게도 현장의 공과 교육은 그야말로 말라죽기 직전의 상황처럼 보입니다. 어떤 특정한 프로그램이나 교재가 이러한 상황을 한 번에 뒤집어놓을 수 있다고 여기는 것은 대단히 어리석은 일일 것입니다. 신앙 교육의 근간은 하나님의 은혜 안에 견고하게 뿌리내린 교육자들입니다. 그래서 하나님께서 교회에 사도와 선지자, 복음 전하는 자, 목사와 교사를 주셨다고 성경은 말합니다(엡 4:11). 그러므로 청소년 목회자와 교사들의 부단한 인내와 인고의 열정이 이 땅의 청소년들을 다시 일으키는 가장 중요한 밑거름이 될 것입니다.

교재는 그들이 손에 쥔 도구입니다. 도구는 얼마나 크고 화려하며 강한 것이냐가 아니라 손에 얼마나 알맞은 것이냐가 중요합니다. 다윗의 손에 잘 맞는 돌멩이 하나가 골리앗을 쓰러뜨리기에 수많은 칼이나 창보다 적합했듯이 말입니다. 〈*KIWY* 청소년 성경공부〉 시리즈는 책상이 아니라 현장에서 나온 교재입니다. 어떻게 하면 하나님의 귀한 말씀을 아이들에게 잘 먹일 수 있을지 오랜 시간 고민한 현장 사역자들의 수고가 담긴 교재입니다. 오랜 시간 동안 장인의 손으로 매만진 도구입니다.

이 교재를 집어든 현장 동역자들이 손에 딱 맞는, 그래서 내 몸의 일부처럼 움직일 수 있는 편안한 도구를 만나는 반가움을 경험할 수 있다면, 저희 집필진들에게 더할 나위 없는 기쁨이 될 것입니다. 부디 여러분과 이 돌멩이가 함께 난공불락처럼 보이는 신앙교육에 대한 여러 도전들을 격파하는 귀한 하나님의 도구가 되기를 간절히 기도합니다.

_ 이재욱 목사

KIWY 청소년성경공부 목표

- 청소년을 전인적 그리스도인으로 교육하고자 합니다.
- 공과만 충실하게 해도 학습, 세례, 입교 교육이 충분히 될 만큼 교리적, 실천적으로 균형 있는 신앙관을 제공합니다.
- 보다 쉽고 친근하게 주제에 다가갈 수 있도록 구성했습니다.
- 부족한 시간과 시설 때문에 고민하는 현장 교사들의 상황을 고려하며 대안을 제시합니다.

KIWY 청소년성경공부 구성

본 교재는 교리탐구, 경건생활, 사회생활, 인물탐구 네 분야를 1년 48주에 걸쳐 3년 동안 교육하도록 구성되어 있습니다. 각 권은 12주 과정입니다. 선택적으로 사용할 수 있는 특별과정 교재 1권이 따로 제공됩니다.

- **교리탐구** - 그리스도인이라면 반드시 숙지해야 할 기본교리를 살펴보며 하나님과 나에 대해 알아갑니다.
- **경건생활** - 그리스도인으로서 추구해야 할 경건을 배우고 익히며 실천하도록 독려합니다.
- **사회생활** - 청소년 그리스도인들이 세상에서 부딪히는, 또 앞으로 부딪힐 필수적인 실천 주제들에 대해 성경적인 관점을 확고하게 정립합니다.
- **인물탐구** - 성경의 주요 인물을 성경의 큰 흐름에 따라 살펴보며 하나님이 어떻게 각 사람의 인생에 개입해 큰 그림을 만들어가시는지 배웁니다.
- **특별과정** - 개 교회의 주요 행사 및 절기에 맞는 공과 진행을 돕습니다.

* 자세한 커리큘럼은 www.gsbooks.org를 참고해주세요!

KIWY 청소년성경공부 특징

하나! 공과 교재가 쉽다

공과 반은 다양한 수준의 학생들이 모여 있으므로 공과는 누구나 쉽게 접근할 수 있는 것이어야 합니다. 학생 수준에 따른 심화 교육은 리더훈련이나 제자훈련 같은 별도의 양육과정에서 하는 것이 바람직합니다.

둘! 길거나 복잡하지 않다

현장의 공과 환경은 공과를 오래 끌기에 무리가 많습니다. 적어도 30분 안에 끝낼 수 있도록 교재를 쉽고 단순하게 구성했고, 성경 본문을 별도로 찾을 필요가 없도록 문제와 함께 제시합니다.

셋! 다양한 주제들을 다룬다

쉽고 단순해도 청소년 시기에 분명히 다루어야 할 주제들을 교리탐구, 경건생활, 사회생활, 인물탐구 분야별로 풍성하게 다룹니다.

넷! 말씀 중심이다

분명한 말씀 전달 없이 주제 하나 놓고 어영부영 자기 생각만 나누다가 공과를 끝내서는 안 됩니다. 말씀만큼은 주입식 교육이 확실하게 이루어져야 합니다. 믿음은 '들음'에서 오지 '토론'에서 오지 않습니다.

다섯! 주제가 명료하다

귀납식 탐구 학습은 그 나름대로 장점이 있으나 현장의 제한된 환경에서 시행하기에는 다소 무리가 있습니다. 본 교재는 본문에서 얻는 교훈을 단순화해 적어도 한 가지 주제만은 분명하게 기억하도록 돕습니다.

여섯! 구체적인 실천 과제를 제시한다

공과가 생활 속 실천으로 이어지도록 구체적인 과제를 제시하고, 이를 통해 교사가 학생들을 주중에 심방하도록 구성했습니다.

일곱! 시선을 사로잡는다

한 눈에 들어오고 청소년들의 취향에 적합한 디자인이 되도록 노력했고, 학습 의욕을 북돋는 삽화와 만화를 도입부에 수록했습니다.

C.O.N.T.E.N.T.S

session **01** _교만

내가 제일 잘 나가

그러므로 지금 나 느부갓네살은 하늘의 왕을 찬양하며
칭송하며 경배하노니 그의 일이 다 진실하고 그의 행하심이
의로우시므로 교만하게 행하는 자를 그가 능히 낮추심이라(단 4:37).

OPEN MIND 오픈마인드

근거 없이 잘난 척하는 사람을 보고 어이없다고 생각한 적이 있나요?

느부갓네살 왕을 아시나요? 네부카드네자르 2세라고 불리는 느부갓네살은 기원전 605년경 바빌로니아 칼데아 왕조의 왕이었습니다. 그는 수도인 바벨론을 웅장하고 화려하게 재건했으며, 시리아에서 팔레스타인에 이르는 광대한 영토를 통일하여 다스렸습니다.

1. 어느 날 느부갓네살 왕은 왕궁의 지붕을 거닐다가 자신이 세운 화려한 도성을 바라보며 자만심에 넘쳐 말했습니다. 그는 그 도성을 무엇으로 건설했다고 말합니까?(단 4:30)

다니엘 4:30 나 왕이 말하여 이르되 이 큰 바벨론은 내가 능력과 권세로 건설하여 나의 도성으로 삼고 이것으로 내 위엄의 영광을 나타낸 것이 아니냐 하였더니.

2. 하나님은 자만심이 가득한 느부갓네살 왕의 말을 들으시고 그에게 뭐라고 말씀하십니까?(단 4:31-32)

다니엘 4:31-32 [31] 이 말이 아직도 나 왕의 입에 있을 때에 하늘에서 소리가 내려 이르되 느부갓네살 왕아 네게 말하노니 나라의 왕위가 네게서 떠났느니라 [32] 네가 사람에게서 쫓겨나서 들짐승과 함께 살면서 소처럼 풀을 먹을 것이요 이와 같이 일곱 때를 지내서 지극히 높으신 이가 사람의 나라를 다스리시며 자기의 뜻대로 그것을 누구에게든지 주시는 줄을 알기까지 이르리라 하더라.

3. 7년간 정신을 잃고 짐승처럼 살았던 느부갓네살 왕은 하나님의 말씀대로 기한이 지나자 제정신이 돌아옵니다. 그는 제정신으로 돌아오자마자 무엇을 깨닫고 어떻게 행동합니까?(단 4:35, 37)

다니엘 4:35, 37 [35] 땅의 모든 사람들을 없는 것같이 여기시며 하늘의 군대에게든지 땅의 사람에게든지 그는 자기 뜻대로 행하시나니 그의 손을 금하든지 혹시 이르기를 네가 무엇을 하느냐고 할 자가 아무도 없도다… [37] 그러므로 지금 나 느부갓네살은 하늘의 왕을 찬양하며 칭송하며 경배하노니 그의 일이 다 진실하고 그의 행하심이 의로우시므로 교만하게 행하는 자를 그가 능히 낮추심이라.

깨달음	행동

핵심만 콕콕!

교만이란, 하나님 없이 자기 힘으로 무언가를 이루었다고 자랑하는 마음, 혼자 힘으로 무언가를 할 수 있다고 자부하는 마음입니다. 교만은 세상을 다스리시는 하나님을 무시하는 가장 어리석은 죄악입니다. 하나님은 교만한 자를 대적하시고 겸손한 자에게 은혜를 베푸십니다.

나눔 다른 이의 도움 없이 혼자 할 수 있다고 자신만만해하다가 낭패를 본 일이 있다면 얘기해보세요.

실천 한 주 동안 생활하면서 자신이 해낸 일이 있을 것입니다. 그 일을 이룰 수 있도록 하나님이 내게 무엇을 주셨고, 다른 사람들은 어떻게 나를 도와주었는지 겸손한 마음으로 돌아보고 적어보세요.

내가 해낸 일	하나님이 주신 것	다른 이들이 도운 것
목표한 학업 진도를 마침	지혜, 시간, 건강, 노력하고자 하는 마음, 공부할 수 있는 환경	선생님이 가르쳐주심, 친구가 노트를 빌려줌

제가 가진 것, 해낸 일들이 실은 하나님이 제게 허락해주신 것들이었음을 깨닫게 해 주셔서 감사합니다. 하나님과 다른 사람들의 도움에 늘 감사하며 살아가게 해주세요.

session **02** _분노

화가 난다, 화가 나~

노하는 자는 다툼을 일으키고
성내는 자는 범죄함이 많으니라(잠 29:22).

OPEN MIND 오픈마인드

무언가를 통제하지 못해 자칫 큰일이 벌어질 뻔한 상황이 있었다면 얘기해 보세요.

1. 분노를 통제하지 못했을 때 어떤 일이 일어납니까?(창 4:6-7, 잠 29:22)

창세기 4:6-7 [6] 여호와께서 가인에게 이르시되 네가 분하여 함은 어찌 됨이며 안색이 변함은 어찌 됨이냐 [7] 네가 선을 행하면 어찌 낯을 들지 못하겠느냐 선을 행하지 아니하면 죄가 문에 엎드려 있느니라 죄가 너를 원하나 너는 죄를 다스릴지니라.

잠언 29:22 노하는 자는 다툼을 일으키고 성내는 자는 범죄함이 많으니라.

2. 예수님은 그릇된 분노에 대해 뭐라고 말씀하셨습니까?(마 5:21-22)

마태복음 5:21-22 [21] 옛 사람에게 말한 바 살인하지 말라 누구든지 살인하면 심판을 받게 되리라 하였다는 것을 너희가 들었으나 [22] 나는 너희에게 이르노니 형제에게 노하는 자마다 심판을 받게 되고 형제를 대하여 라가라 하는 자는 공회에 잡혀가게 되고 미련한 놈이라 하는 자는 지옥 불에 들어가게 되리라.

3. 분노라는 감정이 죄로 이어지지 않으려면 분노를 어떻게 다스려야 합니까?(잠 12:16, 엡 4:26-27)

잠언 12:16 미련한 자는 당장 분노를 나타내거니와 슬기로운 자는 수욕을 참느니라.

에베소서 4:26-27 [26] 분을 내어도 죄를 짓지 말며 해가 지도록 분을 품지 말고 [27] 마귀에게 틈을 주지 말라.

핵심만 콕콕!

분노는 자연스러운 감정입니다. 잘못된 것에 대해 올바른 방식으로 분노할 수 있다면, 분노는 '정의'의 또 다른 이름이 될 것입니다. 그러나 분노를 제대로 통제하지 못할 경우 우리는 순식간에 죄악에 휩쓸릴 수 있습니다. 그러므로 신중하고 차분하게 분노를 다스릴 줄 알아야 합니다.

OPEN LIFE 오픈라이프

나눔 벌컥 화부터 냈다가 나중에 후회한 적이 있다면 얘기해보세요.

실천 한 주 동안 화가 나는 일이 생길 때 잠시 화를 참고 아래의 질문에 하나하나 답해보세요.

나는 왜 화가 났을까?	
상대방이 일부러 나를 화나게 했을까?	
내가 지금 화를 낸다면 상대방은 어떻게 반응할까?	
화내지 않고 이 상황을 평화롭게 해결할 방법은?	

가끔씩 화내고 싶고 짜증이 날 때가 있습니다. 그때마다 제 안에서 끓어오르는 분노를 다스리고 한 박자 늦추어 갈 수 있는 여유와 지혜를 주세요.

session **03** _중독

넌 내게 빠져버렸어!

너희는 헛된 것들에게로 향하지 말며 너희를 위하여 신상들을
부어 만들지 말라 나는 너희의 하나님 여호와이니라(레 19:4).

OPEN MIND 오픈마인드

위의 친구들은 왜 이렇게 행동하는 걸까요?

1. 중독의 사전적인 의미는 "어떤 사상이나 사물에 젖어버려 정상적으로 사물을 판단할 수 없는 상태"입니다. 이와 달리 하나님이 우리에게 요구하시는 생활은 어떤 모습입니까?(엡 5:15-17)

에베소서 5:15-17 [15] 그런즉 너희가 어떻게 행할지를 자세히 주의하여 지혜 없는 자같이 하지 말고 오직 지혜 있는 자 같이 하여 [16] 세월을 아끼라 때가 악하니라 [17] 그러므로 어리석은 자가 되지 말고 오직 주의 뜻이 무엇인가 이해하라.

2. 중독의 근본적인 원인은 무엇입니까?(롬 6:12, 딛 3:3)

로마서 6:12 그러므로 너희는 죄가 너희 죽을 몸을 지배하지 못하게 하여 몸의 사욕에 순종하지 말고.

디도서 3:3 우리도 전에는 어리석은 자요 순종하지 아니한 자요 속은 자요 여러 가지 정욕과 행락에 종노릇한 자요 악독과 투기를 일삼은 자요 가증스러운 자요 피차 미워한 자였으나.

우리를 ________하려는 성질을 지닌 ________다.

3. 중독에서 벗어나기 위해 가장 먼저 해야 할 일은 무엇입니까?(엡 5:18, 눅 11:13)

에베소서 5:18 술 취하지 말라 이는 방탕한 것이니 오직 성령으로 충만함을 받으라.

누가복음 11:13 너희가 악할지라도 좋은 것을 자식에게 줄 줄 알거든 하물며 너희 하늘 아버지께서 구하는 자에게 성령을 주시지 않겠느냐 하시니라.

핵심만 콕콕!

중독이란, 하나님을 의지하지 않고 다른 무언가에 사로잡혀 하나님이 주신 귀한 건강과 시간과 물질을 낭비하고, 하나님의 뜻과 관계없이 살아가는 것을 가리킵니다. 하나님은 우리가 성령에 사로잡혀 하나님의 말씀에 순종하며 거룩하게 살기를 원하십니다.

OPEN LIFE 오픈라이프

나눔 요즘 청소년들이 가장 빠지기 쉬운 중독 중 하나가 인터넷 중독입니다. 22쪽에 나오는 검사지로 자신의 중독지수를 점검해보세요.

실천 다음 중에서 내가 끊거나 절제해야 할 항목들을 선택하고, 그것을 절제해서 생기는 시간을 활용해 잠언을 읽어보세요.

- ☐ 인터넷
- ☐ 술
- ☐ 이성친구
- ☐ 게임
- ☐ TV 시청
- ☐ 담배
- ☐ 스마트폰
- ☐ 쇼핑
- ☐ 노래방
- ☐ 기타 ______________

내가 읽은 잠언 구절 : _____장 ~ _____장

가장 기억에 남는 구절 :

순간의 스트레스를 다스리지 못해 어리석은 일에 사로잡히지 않게 제 마음을 붙들어 주세요. 성령 충만하여 하나님이 주신 시간을 잘 사용할 수 있게 도와주세요.

인터넷 중독자라니 누가? 내가?

다음은 자신이 인터넷에 얼마나 빠져 있는지 대략적인 상태를 파악하기 위한 항목들입니다. 좀더 정확한 검사는 한국정보화진흥원 홈페이지에서 할 수 있습니다(www.iapc.or.kr).

(1점 – 전혀 그렇지 않다 / 2점 – 때때로 그렇다 / 3점 – 그렇다 / 4점 – 매우 그렇다)

- 다른 할 일이 많을 때에도 인터넷을 하게 된다.
- 인터넷을 하다가 계획한 일들을 제대로 못한 적이 있다.
- 인터넷을 너무 사용해 시력에 문제가 생겼다.
- 인터넷 사용으로 건강이 나빠진 것 같다.
- 인터넷을 하느라 피곤해 수업 시간에 졸 때가 있다.
- 인터넷을 너무 사용해 머리가 아프다.
- 인터넷을 하고 있을 때 왠지 모를 자신감이 생긴다.
- 인터넷을 할 때 방해를 받으면 짜증나고 화가 치민다.
- 인터넷을 하고 있지 않을 때에도 인터넷 생각이 자꾸 난다.
- 인터넷을 하지 않으면 불안하고 초조해진다.
- 인터넷을 못하는 생활은 지루하고 재미없다.
- 오프라인보다 온라인에서 나를 인정해주는 사람이 더 많다.
- 실생활보다 인터넷에서 알게 된 사람들이 내게 더 잘해준다.
- 실생활보다 인터넷에서 만난 사람들을 더 잘 이해하게 된다.
- 인터넷 때문에 돈을 더 많이 쓰고 있다.
- 인터넷 사용 시간을 속이려고 한 적이 있다.
- 인터넷을 하다가 그만두면 또 하고 싶어진다.
- 인터넷 사용을 줄여야 한다는 생각이 끊임없이 든다.
- 인터넷 사용 시간을 줄이려고 해보았지만 실패했다.
- 인터넷을 너무 많이 한다고 주변 사람들에게 지적을 받는다.

★ 출처 : NIA 한국정보화진흥원

42점 이하 : 일반 사용자

하루 약 2시간 정도 인터넷에 접속하며, 대부분은 자신이 인터넷 중독과 상관없다고 느낀다. 정서적, 성격적으로 별 문제를 보이진 않지만, 인터넷 외에 별다른 관심사나 취미생활이 없다면 얼마든지 잠재적 위험군에 들어갈 수 있으므로 주의한다.

43-52점 : 잠재적 위험 사용자

하루 약 3시간 정도의 접속 시간을 보이며 경미한 수준이지만 학업에 어려움이 나타날 수 있다. 다분히 계획적이지 못하고 자기조절에 어려움을 보이며 자신감도 낮은 편이다. 그러나 절반 정도의 학생은 자신에게 아무런 문제가 없다고 생각한다.

53-80점 : 고위험 사용자

하루 약 4시간 이상 인터넷을 하고 인터넷을 하느라 자는 시간마저 아까워한다. 사람을 직접 대면하기보다는 사이버 공간에서 만나는 것을 더 편하게 느끼고, 평소에도 인터넷에 접속하고 있는 듯한 착각을 한다. 우울감과 충동성이 높은 편이다.

인터넷 중독 예방 10대 수칙

1. 컴퓨터는 가족이 공유하는 장소에 놓는다.
2. 방과후 할 일을 먼저 하고 인터넷을 한다.
3. 컴퓨터나 스마트폰의 하루 사용 시간을 정한다.
4. 인터넷을 학습 활동에 활용한다.
5. 특별한 목적 없이 인터넷에 1시간 이상 머물지 않는다.
6. 컴퓨터 사용 시간과 내용을 기록한다.
7. 유해성이 의심되는 정보는 열지 않고 바로 지운다.
8. 인터넷을 하면서 식사나 군것질을 하지 않는다.
9. 인터넷을 하다가 취침 시간을 넘기지 않는다.
10. 취미, 운동, 문화 활동을 늘린다.

session **04** _스트레스

아악~ 날 좀 내버려둬

마음의 즐거움은 양약이라도
심령의 근심은 뼈를 마르게 하느니라(잠 17:22).

OPEN MIND 오픈**마인드**

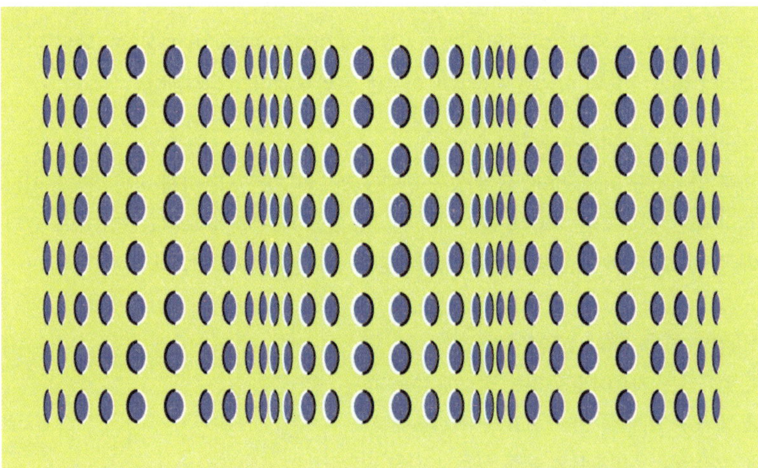

위의 그림이 어떻게 보이나요? 빠른 속도로 움직이고 있나요, 아니면 정지해 있나요?

1. 무거운 스트레스는 우리를 낙망하고 좌절하게 만듭니다. 성경에도 엄청난 스트레스 때문에 힘들어했던 선지자 엘리야가 나옵니다. 그는 어떤 스트레스를 받았습니까?(왕상 19:1-4)

열왕기상 19:1-4 [1] 아합이 엘리야가 행한 모든 일과 그가 어떻게 모든 선지자를 칼로 죽였는지를 이세벨에게 말하니 [2] 이세벨이 사신을 엘리야에게 보내어 이르되 내가 내일 이맘때에는 반드시 네 생명을 저 사람들 중 한 사람의 생명과 같게 하리라 그렇게 하지 아니하면 신들이 내게 벌 위에 벌을 내림이 마땅하니라 한지라 [3] 그가 이 형편을 보고 일어나 자기의 생명을 위해 도망하여 유다에 속한 브엘세바에 이르러 자기의 사환을 그곳에 머물게 하고 [4] 자기 자신은 광야로 들어가 하룻길쯤 가서 한 로뎀 나무 아래에 앉아서 자기가 죽기를 원하여 이르되 여호와여 넉넉하오니 지금 내 생명을 거두시옵소서 나는 내 조상들보다 낫지 못하니이다 하고

2. 하나님은 쓰러져 고통을 호소하는 엘리야에게 어떤 일을 해주십니까?(왕상 19:5, 7, 13)

열왕기상 19:5, 7, 13 [5] 로뎀 나무 아래에 누워 자더니 천사가 그를 어루만지며 그에게 이르되 일어나서 먹으라 하는지라… [7] 여호와의 천사가 또 다시 와서 어루만지며 이르되 일어나 먹으라 네가 갈 길을 다 가지 못할까 하노라 하는지라… [13] 엘리야가 듣고 겉옷으로 얼굴을 가리고 나가 굴 어귀에 서매 소리가 그에게 임하여 이르시되 엘리야야 네가 어찌하여 여기 있느냐

3. 하나님은 엘리야의 고민을 듣고 뭐라고 말씀하십니까?(왕상 19:15-18)

열왕기상 19:15-18 15 여호와께서 그에게 이르시되 너는 네 길을 돌이켜 광야를 통하여 다메섹에
가서 이르거든 하사엘에게 기름을 부어 아람의 왕이 되게 하고 16 너는 또 님시의 아들 예후에게
기름을 부어 이스라엘의 왕이 되게 하고 또 아벨므홀라 사밧의 아들 엘리사에게 기름을 부어 너
를 대신하여 선지자가 되게 하라 17 하사엘의 칼을 피하는 자를 예후가 죽일 것이요 예후의 칼을
피하는 자를 엘리사가 죽이리라 18 그러나 내가 이스라엘 가운데에 칠천 명을 남기리니 다 바알
에게 무릎을 꿇지 아니하고 다 바알에게 입 맞추지 아니한 자니라.

핵심만 콕콕!

하나님의 사람에게도 스트레스는 찾아옵니다. 우리를 무기력하게 만드는 스트레스가 찾아오면 우선 잘 먹고 잘 쉬어야 합니다. 무엇보다 중요한 것은 하나님 앞에 모든 것을 말씀드리고, 하나님이 주시는 약속을 믿고 평안을 누리는 것입니다.

OPEN LIFE 오픈라이프

나눔 지금 받고 있는 가장 큰 스트레스는 무엇인가요?

실천 그동안 스트레스를 풀기 위해 어떤 방법을 주로 썼나요? 그 방법의 장단점은 무엇인가요? 오늘 말씀을 배운 후 바꾸거나 새롭게 실천할 수 있는 스트레스 해소법을 적어보세요.

스트레스를 이기고 육체와 영혼이 모두 건강해질 수 있도록 도와주세요. 선한 방법으로 몸과 영혼을 건강하게 챙길 수 있도록 지혜를 주세요.

session **05** 인터넷

은밀한 죄 vs 선한 영향력

나는 너희의 하나님이 되려고 너희를 애굽 땅에서 인도하여 낸 여호와라
내가 거룩하니 너희도 거룩할지어다(레 11:45).

OPEN MIND 오픈**마인드**

내가 만일 악성댓글을 당한 사람이었다면 어떻게 했을까요?

1. 인터넷은 유용한 도구이지만 자신의 정체를 드러내지 않고 활동할 수 있다는 점에서 매우 조심해야 하는 측면이 있습니다. 사람은 자기 정체를 감출 수 있을 때 어떤 함정에 빠지기 쉽습니까?(엡 5:11-12, 잠 9:16-17)

에베소서 5:11-12 [11] 너희는 열매 없는 어둠의 일에 참여하지 말고 도리어 책망하라 [12] 그들이 은밀히 행하는 것들은 말하기도 부끄러운 것들이라.

잠언 9:16-17 [16] 어리석은 자는 이리로 돌이키라 또 지혜 없는 자에게 이르기를 [17] 도둑질한 물이 달고 몰래 먹는 떡이 맛이 있다 하는도다.

2. 인터넷이 주는 유익은 많습니다. 그중에서 그리스도인인 우리가 특히 관심을 가져야 할 점은 무엇입니까?(롬 1:10, 14-15, 10:15)

로마서 1:10, 14-15 [10] 어떻게 하든지 이제 하나님의 뜻 안에서 너희에게로 나아갈 좋은 길 얻기를 구하노라… [14] 헬라인이나 야만인이나 지혜 있는 자나 어리석은 자에게 다 내가 빚진 자라 [15] 그러므로 나는 할 수 있는 대로 로마에 있는 너희에게도 복음 전하기를 원하노라.

로마서 10:15 보내심을 받지 아니하였으면 어찌 전파하리요 기록된바 아름답도다 좋은 소식을 전하는 자들의 발이여 함과 같으니라.

핵심만 콕콕!

인터넷은 강력한 능력만큼이나 강력한 부작용도 일으킬 수 있습니다. 특히 익명성이라는 특징은 우리를 죄의 길로 쉽게 인도할 수 있다는 사실을 충분히 경계해야 합니다. 그러나 잘 사용할 경우 인터넷은 복음을 전하고 사회에 선한 영향력을 끼치는 매우 좋은 도구가 될 수 있습니다.

OPEN LIFE 오픈라이프

나눔 인터넷으로 주로 어떤 활동을 하고 있나요?

실천 1 이번 한 주 동안 인터넷의 미니홈피나 블로그, SNS 등을 사용해 친구에게 격려나 위로를 담은 글을 전해보세요.

실천 2 한 주 동안 매일 말씀을 묵상하면서 떠오른 생각들을 성경구절과 함께 인터넷의 미니홈피나 블로그, SNS 등에 올려보세요.

인터넷을 하나님이 기뻐하시는 방법으로 사용할 수 있도록 지혜를 주세요. 인터넷을 목적으로 삼지 않고 선한 도구로 잘 사용할 수 있게 도와주세요.

session **06** _다툼

친구일까, 웬수일까?

마른 떡 한 조각만 있고도 화목하는 것이
제육이 집에 가득하고도 다투는 것보다 나으니라(잠 17:1).

OPEN MIND 오픈마인드

다른 사람의 행동 중 참아주기 힘든 것에는 무엇이 있나요?("나, 이럴 때 주먹이 운다, 머리에 김 난다!")

1. 성경에는 초대 교회에서 존경받는 지도자들이었던 바울과 바나바가 크게 다투었다는 기록이 있습니다. 둘 사이에 어떤 문제가 있었습니까?(행 15:36-40)

사도행전 15:36-40 36 며칠 후에 바울이 바나바더러 말하되 우리가 주의 말씀을 전한 각 성으
로 다시 가서 형제들이 어떠한가 방문하자 하고 37 바나바는 마가라 하는 요한도 데리고 가고자
하나 38 바울은 밤빌리아에서 자기들을 떠나 함께 일하러 가지 아니한 자를 데리고 가는 것이
옳지 않다 하여 39 서로 심히 다투어 피차 갈라서니 바나바는 마가를 데리고 배 타고 구브로로
가고 40 바울은 실라를 택한 후에 형제들에게 주의 은혜에 부탁함을 받고 떠나.

2. 바울은 바나바와 다투고 나서 오랜 시간이 흐른 후, 편지에서 한때 다툼의 이유가 되었던 마가에 대해 어떻게 말하고 있습니까?(딤후 4:11)

디모데후서 4:11 누가만 나와 함께 있느니라 네가 올 때에 마가를 데리고 오라 그가 나의 일에 유익하니라.

3. 성경은 화목할 때 어떤 유익이 있다고 말합니까?(마 5:23-24, 잠 17:1)

마태복음 5:23-24 23 그러므로 예물을 제단에 드리려다가 거기서 네 형제에게 원망들을 만한 일
이 있는 것이 생각나거든 24 예물을 제단 앞에 두고 먼저 가서 형제와 화목하고 그 후에 와서 예
물을 드리라.

잠언 17:1 마른 떡 한 조각만 있고도 화목하는 것이 제육이 집에 가득하고도 다투는 것보다 나으니라.

핵심만 콕콕!

인간관계에서는 언제든 서로 다투고 상처를 주고받는 경우가 생길 수 있습니다. 그러한 다툼을 지혜롭게 해결하는 것이 중요합니다. 특히 그리스도인은 늘 화목하기 위해 힘써야 합니다. 형제와의 화평은 우리를 하나님과 더욱 가깝게 해주고 복 되게 해주는 통로입니다.

OPEN LIFE 오픈라이프

나눔 최근에 가족이나 친구와 다툰 적이 있나요? 이유는 무엇이었고, 어떻게 해결했나요?

실천 화목한 관계를 위해 자신에게 조심하거나 고쳐야 할 성격 혹은 습관이 있는지 생각해보세요. 이를 개선하기 위해 한 주 동안 노력해보세요.

언제 어디서나 사람들과 화목함을 이루는 하나님의 자녀가 되게 해주세요. 어쩌다 다툼이 생길 경우에라도 먼저 마음을 열고 친구에게 다가갈 수 있는 용기를 주세요.

session **07** _술과 담배

정말 어른이 되고 싶어?

너희 몸은 너희가 하나님께로부터 받은 바
너희 가운데 계신 성령의 전인 줄을 알지 못하느냐
너희는 너희 자신의 것이 아니라(고전 6:19).

OPEN MIND 오픈마인드

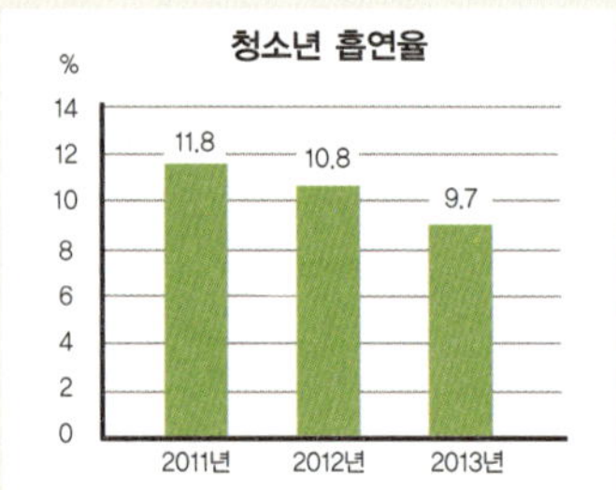

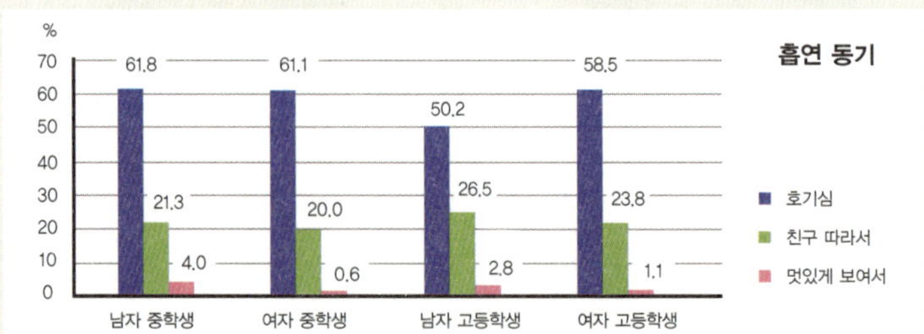

★★★ 2013년 청소년 건강행태 온라인조사 결과, 청소년(중1–고3)의 흡연율은 9.7%, 음주율은 16.3%로 나타났다. 이는 지난 7년간 10% 가까이 꾸준히 감소 추세를 보이는 결과지만, 우리나라 청소년 흡연율은 여전히 세계 제일이고, 최근에는 여학생들의 흡연율이 급증하고 있다. 흡연자 중 약 90%가 중학교 때부터 흡연을 시작했고, 연세대보건대학원의 조사(2007년)에 따르면, 청소년의 상당수가 호기심에, 친구를 따라서 흡연을 시작했다고 밝혔다. 어릴 때 들인 음주 · 흡연 습관은 성인이 되어서도 이어지고, 성장기의 건강을 위협하며, 다른 일탈로 이어지는 다리가 된다는 점에서 더욱 주의가 요구된다.

이런 기사나 통계자료를 보면 어떤 생각이 드나요?

1. 성경은 술에 대해 긍정적인 면과 부정적인 면을 함께 언급하고 있습니다. 술의 긍정적인 용도는 무엇입니까?(민 15:7, 딤전 5:23, 전 9:7)

민수기 15:7 전제로 포도주 삼분의 일 힌을 드려 여호와 앞에 향기롭게 할 것이요.

디모데전서 5:23 이제부터는 물만 마시지 말고 네 위장과 자주 나는 병을 위하여는 포도주를 조금씩 쓰라.

전도서 9:7 너는 가서 기쁨으로 네 음식물을 먹고 즐거운 마음으로 네 포도주를 마실지어다 이는 하나님이 네가 하는 일들을 벌써 기쁘게 받으셨음이니라.

2. 성경은 술에 대해 엄중한 경고를 하기도 합니다. 어떤 경고입니까?(고전 6:10, 잠 20:1, 엡 5:18)

고린도전서 6:10 도적이나 탐욕을 부리는 자나 술 취하는 자나 모욕하는 자나 속여 빼앗는 자들은 하나님의 나라를 유업으로 받지 못하리라.

잠언 20:1 포도주는 거만하게 하는 것이요 독주는 떠들게 하는 것이라 이에 미혹되는 자마다 지혜가 없느니라.

에베소서 5:18 술 취하지 말라 이는 방탕한 것이니 오직 성령으로 충만함을 받으라.

3. 성경 시대 이스라엘에는 담배가 없었으므로 성경에 흡연에 대한 말씀은 나오지 않습니다. 하지만 흡연이 몸에 매우 해로운 것이라는 점을 고려할 때 반드시 귀담아 들어야 할 성경의 가르침이 있습니다. 어떤 말씀입니까?(롬 12:1, 고전 6:19)

로마서 12:1 그러므로 형제들아 내가 하나님의 모든 자비하심으로 너희를 권하노니 너희 몸을 하나님이 기뻐하시는 거룩한 산 제물로 드리라 이는 너희가 드릴 영적 예배니라.

고린도전서 6:19 너희 몸은 너희가 하나님께로부터 받은 바 너희 가운데 계신 성령의 전인 줄을 알지 못하느냐 너희는 너희 자신의 것이 아니라.

핵심만 콕콕!

성경은 술에 취해 자신의 삶을 망가뜨리고 방탕하게 사는 사람들에 대해 엄하게 경고합니다. 또한 우리의 몸을 하나님의 거룩한 성전으로 세우라고 명령합니다. 술과 담배는 어른들의 폼 나는 특권이 결코 아닙니다.

OPEN LIFE 오픈라이프

나눔 거리에서 담배를 피거나 술에 취해 비틀거리는 사람을 보면 어떤 생각이 드나요?

실천 우리 사회의 잘못된 음주, 흡연 문화 중에서 생각나는 것이 있나요? 이것을 어떻게 개선하면 좋을지 아이디어를 내보세요.

제 몸이 하나님의 거룩한 전이라는 사실을 배웠습니다. 제 몸을 술이나 담배로 더럽히지 않고 주님이 거하시는 깨끗한 곳으로 유지할 수 있게 붙들어주세요.

session **08** _성(性)

짜릿하거나 아찔하거나!?

하나님이 자기 형상 곧 하나님의 형상대로
사람을 창조하시되 남자와 여자를 창조하시고(창 1:27).

OPEN MIND 오픈마인드

'섹시하다' 는 말을 들으면 어떤 느낌이나 생각이 드나요?

1. 하나님이 남자와 여자를 만드신 이유는 무엇입니까?(창 2:24, 1:27-28, 엡 5:33)

창세기 2:24 이러므로 남자가 부모를 떠나 그의 아내와 합하여 둘이 한 몸을 이룰지로다.

창세기 1:27-28 [27] 하나님이 자기 형상 곧 하나님의 형상대로 사람을 창조하시되 남자와 여자를 창조하시고 [28] 하나님이 그들에게 복을 주시며 하나님이 그들에게 이르시되 생육하고 번성하여 땅에 충만하라, 땅을 정복하라, 바다의 물고기와 하늘의 새와 땅에 움직이는 모든 생물을 다스리라 하시니라.

에베소서 5:33 그러나 너희도 각각 자기의 아내 사랑하기를 자신같이 하고 아내도 자기 남편을 존경하라.

2. 하나님은 아름다운 '성'을 우리에게 주셨지만, 죄에 물든 인간은 '성'을 어떻게 사용하기 시작했습니까?(마 5:28, 갈 5:19, 롬 1:27)

마태복음 5:28 나는 너희에게 이르노니 음욕을 품고 여자를 보는 자마다 마음에 이미 간음하였느니라.

갈라디아서 5:19 육체의 일은 분명하니 곧 음행과 더러운 것과 호색과⋯.

로마서 1:27 그와 같이 남자들도 순리대로 여자 쓰기를 버리고 서로 향하여 음욕이 불 일듯 하매 남자가 남자와 더불어 부끄러운 일을 행하여 그들의 그릇됨에 상당한 보응을 그들 자신이 받았느니라.

3. 우리는 이성을 어떤 태도로 대해야 합니까?(마 5:28, 딤전 5:2)

마태복음 5:28 나는 너희에게 이르노니 음욕을 품고 여자를 보는 자마다 마음에 이미 간음하였느니라.

디모데전서 5:2 늙은 여자에게는 어머니에게 하듯 하며 젊은 여자에게는 온전히 깨끗함으로 자매에게 하듯 하라.

핵심만 콕콕!

하나님이 이성을 창조하신 목적은 아름다운 가정을 이루고 자녀를 낳아 번성하라는 데 있습니다. 그러나 죄에 물든 인간은 자기 욕망을 따라 성을 왜곡하고 잘못 사용하기 시작했습니다. 그리스도인으로서 우리는 그런 문화에 맞서 원래 목적에 맞게 성을 소중히 여기고 바른 태도로 대해야 합니다.

나눔 성에 대한 문제에 있어 혼란스럽게 생각되는 부분이 있나요? 혹은 어떤 고민이 있나요?

실천 우리는 평소 얼마나 많이 왜곡된 성 표현에 노출되고 있을까요? 한 주 동안 접했던 왜곡된 성문화들을 간략하게 정리해서 적어보세요.

예 : 퇴폐업소 광고, 동성애 코드, 혼전 성관계, 과도한 노출, 음담패설, 음란물 등

하나님이 주신 아름다운 성을 왜곡하는 문화가 넘치는 세상입니다. 그런 문화에 휩쓸리지 않고 깨끗한 마음과 태도로 성을 대할 수 있게 붙들어주세요.

session **09** _대중문화

피할 것인가, 잡을 것인가?

너희는 이 세대를 본받지 말고 오직 마음을 새롭게 함으로
변화를 받아 하나님의 선하시고 기뻐하시고
온전하신 뜻이 무엇인지 분별하도록 하라(롬 12:2).

OPEN MIND 오픈마인드

HOT ISSUE 내 맘대로 뽑는 대중문화 핫이슈 5위

1

2

3

4

5

[보기] 아이돌 OOO의 음원 출시, 걸그룹 OOO의 파격 안무, A군과 B양의 열애설, OO의 공항 패션, 올 여름 패션 트렌드, 예능프로그램 OOO의 인기, 드라마 OO시청률, 영화 OO 관객수, 영화 OO의 파격적 장면, 서바이벌 가수 오디션 순위, 이달의 베스트셀러 도서…

요즈음 대중문화의 핫이슈를 다섯 가지만 뽑아보세요.

1. 흔히 접하는 드라마, 영화, 가요 같은 대중문화에 우리는 알게 모르게 많은 영향을 받습니다. 그런데 대중문화 안에는 비기독교적이거나 심지어 반기독교적인 요소들이 적지 않습니다. 그래서 어떤 사람들은 이런 것들을 보지도 듣지도 말아야 한다고 말합니다. 그러나 그럴 경우 우리가 어떤 상태에 놓이게 된다고 성경은 말합니까?(고전 5:9-11)

고린도전서 5:9-11 [9] 내가 너희에게 쓴 편지에 음행하는 자들을 사귀지 말라 하였거니와 [10] 이 말은 이 세상의 음행하는 자들이나 탐하는 자들이나 속여 빼앗는 자들이나 우상 숭배하는 자들을 도무지 사귀지 말라 하는 것이 아니니 만일 그리하려면 너희가 세상 밖으로 나가야 할 것이라 [11] 이제 내가 너희에게 쓴 것은 만일 어떤 형제라 일컫는 자가 음행하거나 탐욕을 부리거나 우상 숭배를 하거나 모욕하거나 술 취하거나 속여 빼앗거든 사귀지도 말고 그런 자와는 함께 먹지도 말라 함이라.

2. 세상과 소통하며, 세상의 문화 속에서 살아가는 그리스도인들에게 가장 필요한 것은 무엇입니까?(빌 1:10, 롬 12:2)

빌립보서 1:10 너희로 지극히 선한 것을 분별하며 또 진실하여 허물 없이 그리스도의 날까지 이르고 또는 같지 아니한 것을.

로마서 12:2 너희는 이 세대를 본받지 말고 오직 마음을 새롭게 함으로 변화를 받아 하나님의 선하시고 기뻐하시고 온전하신 뜻이 무엇인지 분별하도록 하라.

3. 문화는 우리가 누리는 것이지만 또한 만들어 가는 것이기도 합니다. 그리스도인들은 문화에 대해 어떤 책임을 갖습니까?(창 1:28, 마 5:16)

창세기 1:28 하나님이 그들에게 복을 주시며 하나님이 그들에게 이르시되 생육하고 번성하여 땅에 충만하라, 땅을 정복하라, 바다의 물고기와 하늘의 새와 땅에 움직이는 모든 생물을 다스리라 하시니라.

마태복음 5:16 이같이 너희 빛이 사람 앞에 비치게 하여 그들로 너희 착한 행실을 보고 하늘에 계신 너희 아버지께 영광을 돌리게 하라.

핵심만 콕콕!

그리스도인이라고 해서 이 시대의 모든 문화를 거부하고 동떨어져 살 수는 없습니다. 세상과의 소통도 분명히 필요합니다. 그러나 그 소통은 바른 분별력을 필요로 합니다. 또한 그리스도인은 좋은 문화를 만들어 가는 일에 앞장설 책임이 있습니다.

OPEN LIFE 오픈라이프

나눔 내가 접했던 책이나 영화, 드라마, 음악 가운데 친구에게 권해주고 싶은 것이 있다면 얘기해보세요. 그 이유는 무엇인가요?

실천 한 주 동안 내가 즐겨 듣는 음악 혹은 인상 깊게 보았던 영화나 드라마를 분석해 다음 양식에 따라 적어보세요.

제목	
장르	
긍정적인 면	
부정적인 면	
결론(총평)	

세상과 소통하면서도 거룩함을 지킬 수 있는 분별력을 주세요. 거기서 그치지 않고 적극적으로 세상에 선한 영향력을 끼칠 수 있는 지혜와 용기를 주세요.

session **10** _스타

별은 내 가슴에~

이스라엘 무리 중에 왕께 재판을 청하러 오는 자들마다
압살롬의 행함이 이와 같아서 이스라엘 사람의
마음을 압살롬이 훔치니라(삼하 15:6).

OPEN MIND 오픈마인드

좋아하는 스타가 있나요? 그를 좋아하는 이유는 무엇인가요?

1. 성경에도 완벽한 외모와 조건을 갖추고 수많은 사람을 열광시켰던 스타가 등장합니다. 그는 누구입니까?(삼하 13:1, 14:25)

사무엘하 13:1 … 다윗의 아들 압살롬에게 …

사무엘하 14:25 온 이스라엘 가운데에서 압살롬같이 아름다움으로 크게 칭찬 받는 자가 없었으니 그는 발바닥부터 정수리까지 흠이 없음이라.

2. 압살롬은 더욱 사람들의 마음 얻기에 힘을 씁니다. 그는 사람들에게 어떤 행동을 했습니까?(삼하 15:4-6)

사무엘하 15:4-6 [4] 또 압살롬이 이르기를 내가 이 땅에서 재판관이 되고 누구든지 송사나 재판할 일이 있어 내게로 오는 자에게 내가 정의 베풀기를 원하노라 하고 [5] 사람이 가까이 와서 그에게 절하려 하면 압살롬이 손을 펴서 그 사람을 붙들고 그에게 입을 맞추니 [6] 이스라엘 무리 중에 왕께 재판을 청하러 오는 자들마다 압살롬의 행함이 이와 같아서 이스라엘 사람의 마음을 압살롬이 훔치니라.

3. 압살롬에게 마음을 빼앗긴 백성들은 이후 압살롬의 그릇된 음모에 가담하고 맙니다. 어떤 일이었습니까?(삼하 15:13-14)

사무엘하 15:13-14 [13] 전령이 다윗에게 와서 말하되 이스라엘의 인심이 다 압살롬에게로 돌아갔나이다 한지라 [14] 다윗이 예루살렘에 함께 있는 그의 모든 신하들에게 이르되 일어나 도망하자 그렇지 아니하면 우리 중 한 사람도 압살롬에게서 피하지 못하리라 빨리 가자 두렵건대 그가 우리를 급히 따라와 우리를 해하고 칼날로 성읍을 칠까 하노라.

핵심만 콕콕!

'스타'를 좋아하는 것은 나쁜 일이 아닙니다. 그러나 사람을 맹목적으로 추종하다가는 자칫 위험한 일에 휘말릴 수 있습니다. 분별력을 가지고 본받을 것은 본받고, 버릴 것은 버리는 지혜가 필요합니다.

OPEN LIFE 오픈라이프

나눔 좋아하는 스타가 생기면 그 마음을 어떻게 표현하나요?

예 : 인터넷으로 정보를 수집한다. 사진이나 앨범을 사서 모은다. 팬클럽 활동을 한다. 편지나 선물을 보낸다. 스타 편을 들기 위해 부모님이나 친구와 다투는 것도 마다하지 않는다. 스타를 직접 만나러 간다, 절대로 티내지 않는다…

실천 막연히 좋아하는 것 말고 내가 정말 본받을 만한 '스타'를 찾아보는 것도 유익한 일입니다. 각자 관심 있는 분야에서 삶의 교훈을 얻을 만한 인물을 찾아서 구체적으로 알아보세요.

- 이름 :
- 직업 :
- 활동 시기 :
- 업적 :
- 본받고 싶은 점 :

다른 누군가를 맹목적으로 따르다가 정작 가까운 사람에게 상처 주는 일은 없었는지 돌아보게 됩니다. 분별력 있게 옳은 것을 따르며, 본받을 것을 본받는 지혜를 주세요.

session **11** _국가와 신앙

나라가 나와 뭔 상관 있다고…

각 사람은 위에 있는 권세들에게 복종하라 권세는 하나님으로부터 나지 않음이 없나니 모든 권세는 다 하나님께서 정하신 바라(롬 13:1).

OPEN MIND 오픈마인드

내가 대한민국의 국민이라는 사실이 자랑스러운 때는 언제인가요?

1. 하나님이 인간에게 국가를 허락하신 이유는 무엇입니까?(롬 13:3-5)

로마서 13:3-5 [3] 다스리는 자들은 선한 일에 대하여 두려움이 되지 않고 악한 일에 대하여 되나니 네가 권세를 두려워하지 아니하려느냐 선을 행하라 그리하면 그에게 칭찬을 받으리라 [4] 그는 하나님의 사역자가 되어 네게 선을 베푸는 자니라 그러나 네가 악을 행하거든 두려워하라 그가 공연히 칼을 가지지 아니하였으니 곧 하나님의 사역자가 되어 악을 행하는 자에게 진노하심을 따라 보응하는 자니라 [5] 그러므로 복종하지 아니할 수 없으니 진노 때문에 할 것이 아니라 양심을 따라 할 것이라.

2. 그리스도인들은 자기 나라에 대해 어떠한 태도를 가져야 합니까?

1) 국민으로서 ____________를 다하는 태도(롬 13:6-7)

로마서 13:6-7 [6] 너희가 조세를 바치는 것도 이로 말미암음이라 그들이 하나님의 일꾼이 되어 바로 이 일에 항상 힘쓰느니라 [7] 모든 자에게 줄 것을 주되 조세를 받을 자에게 조세를 바치고 관세를 받을 자에게 관세를 바치고 두려워할 자를 두려워하며 존경할 자를 존경하라.

2) 나라와 민족을 ___________하는 태도(롬 9:3-4)

로마서 9:3-4 3 나의 형제 곧 골육의 친척을 위하여 내 자신이 저주를 받아 그리스도에게서 끊
어질지라도 원하는 바로라 4 그들은 이스라엘 사람이라 그들에게는 양자 됨과 영광과 언약들과
율법을 세우신 것과 예배와 약속들이 있고,

핵심만 콕콕!

하나님이 국가와 정부를 세우신 것은 공의를 실행하도록 하기 위함입니다. 그러므로 그리스도인들은 국가와 정부가 바르게 설 수 있도록 힘쓰며, 국민으로서 책임과 의무를 다해야 합니다. 또한 나라를 사랑하며 섬기는 일에도 앞장서야 합니다.

OPEN LIFE 오픈라이프

나눔 해외에 나가면 누구나 애국자가 된다고 하는데 정말 그럴까요? 그렇다면 왜 그런지 이유를 나눠보세요.

실천 이번 한 주 동안 우리나라를 위해 하루에 한 번씩 기도하는 시간을 가져보세요.

하나님의 뜻에 맞게 공의와 사랑이 살아 있는 우리나라가 되게 해주세요. 저 역시 우리나라를 사랑하고, 국민의 책임과 의무를 다하는 그리스도인이 되게 해주세요.

전하고 다스려라!

하나님이 그들에게 복을 주시며 하나님이 그들에게 이르시되
생육하고 번성하여 땅에 충만하라, 땅을 정복하라, 바다의 물고기와
하늘의 새와 땅에 움직이는 모든 생물을 다스리라 하시니라(창 1:28).

OPEN MIND 오픈마인드

■ 중고등학생 직업선호 순위
(한국직업능력개발원, 2012년)

내가 생각할 때 요즘 청소년들에게 가장 인기 있는 직업은 무엇인가요? 그렇게 생각한 이유는?

1. 하나님은 세상을 창조하신 후에 사람을 지으시고 사람에게 하나님의 일을 맡기셨습니다. 세상이라는 일터에서 사람이 하나님의 뜻을 받들어 해야 할 일은 무엇입니까?(창 1:28)

창세기 1:28 하나님이 그들에게 복을 주시며 하나님이 그들에게 이르시되 생육하고 번성하여 땅에 충만하라, 땅을 정복하라, 바다의 물고기와 하늘의 새와 땅에 움직이는 모든 생물을 다스리라 하시니라.

1) 땅에 ____________하라.

2) 땅을 ____________하라.

3) 모든 생물을 ____________.

2. 예수님의 명령과 제자들의 행동에 비추어 볼 때, 번성하고 땅에 충만하도록 한다는 것은 무엇을 의미합니까?(마 28:19, 행 5:42)

마태복음 28:19 그러므로 너희는 가서 모든 민족을 제자로 삼아 아버지와 아들과 성령의 이름으로 세례(침례)를 베풀고,

사도행전 5:42 그들이 날마다 성전에 있든지 집에 있든지 예수는 그리스도라고 가르치기와 전도하기를 그치지 아니하니라.

3. 땅을 정복하고 다스리라는 말씀은 무엇을 의미합니까?(대상 22:12, 마 28:20, 히 12:9)

역대상 22:12 여호와께서 네게 지혜와 총명을 주사 네게 이스라엘을 다스리게 하시고 네 하나님 여호와의 율법을 지키게 하시기를 더욱 원하노라.

마태복음 28:20 내가 너희에게 분부한 모든 것을 가르쳐 지키게 하라 볼지어다 내가 세상 끝날까지 너희와 항상 함께 있으리라 하시니라.

히브리서 12:9 또 우리 육신의 아버지가 우리를 징계하여도 공경하였거든 하물며 모든 영의 아버지께 더욱 복종하며 살려 하지 않겠느냐.

핵심만 콕콕!

직업은 우리가 땀 흘린 대로 먹고, 입고 누릴 수 있도록 하나님이 주신 귀한 은혜의 통로입니다. 우리는 직업을 통해 다른 이들을 섬김으로 그리스도의 사랑을 나타내고 복음을 전할 수 있습니다. 하나님의 뜻에 순종하며 주신 일을 잘 감당할 때 우리가 속한 곳에서 하나님의 다스리심이 이루어집니다.

OPEN LIFE 오픈라이프

나눔 학생도 하나의 직업이라고 생각할 때 학교는 나의 일터라고 할 수 있습니다. 그렇다면 나는 학교라는 일터에서 얼마나 복음 전하는 일에 힘쓰고 있나요? 그렇게 답한 이유는 무엇인가요?

실천 앞으로 어떤 직업을 갖고 싶은지 한 주 동안 생각하며 기도하는 시간을 가져봅시다. 재능과 사명에 맞는 직업을 가질 수 있도록, 그 직업을 통해 하나님의 선하신 뜻이 이루어질 것을 기대하며 매일 정한 시간에 기도해보세요.

하나님, 제가 앞으로 어떤 직업을 갖게 될지 모르지만, 어떤 일이 되었든 제가 속한 그곳에서 복음을 전하며, 하나님의 다스리심을 이루어 가도록 인도해주세요. 그러기 위해 오늘을 성실히 준비하며 공부할 수 있게 붙들어주세요.

KIWY 청소년 성경공부 교재

우리 아이들을 하나님나라의 영향력 있는 다음세대로 세우는 짱짱한 3년 공과교육 과정!

교리탐구, 경건생활, 사회생활, 인물탐구 네 분야를 1년 48주에 걸쳐 3년 동안 교육하도록 구성되어 있습니다(각 권 12주 과정).

학생용 교재의 다채롭고 재밌는 구성과 교사용 교재의 깊이 있고 친절한 설명과 팁을 만나보세요!

중고등부 사역자와 교사들이 말한다 >>>

· 그리스도인이 갖춰야 할 진리와 신앙 태도를 잘 정리된 커리큘럼으로 전달하게 해줍니다.

· 사역자로서 말씀을 준비하는 데도 도움이 됩니다. 매일 조금씩 묵상하고 있습니다.

· 학생들의 눈높이에 맞아서 좋습니다.

· 창조, 인간, 타락, 구원 등 가장 중요한 교리부터 시작해서 좋습니다. 어려울 수 있는 내용을 쉽게 전달하기 위해 노력한 흔적들이 많이 있습니다.

· 분량이 짧은 시간에 소화하기에 무리 없고, 성경 말씀이 밑에 첨부되어 있어 좋습니다.

· 도입 부분이 본 내용과 잘 연결되도록 논리적으로 구성되어 있는 동시에 참신함을 놓치지 않고 있습니다.

· 간단하고 명쾌하며 재미있게 풀어가고 있는 책입니다. 할수록 참 괜찮다는 생각이 듭니다.

· 사춘기 아이들이 그리스도인으로서의 행동의 의미와 가치관 형성 문제를 고민해볼 수 있는 주제들이 참 좋았습니다.

· 학생들이 만화에 흥미를 보입니다. 공란도 잘 활용하고 있습니다.

· 성경의 인물들을 구약과 신약의 관점을 비교해서 제시해주는 연결고리가 탁월하다고 생각합니다. 적용점을 찾을 수 있는 활동 프로그램도 도움이 많이 됩니다.

시즌 원.투.쓰리

Season One

[1권 교리탐구]
하나님과 믿음의 교제 시작하기

[2권 경건생활]
하나님 안에서 먹고 기도하고 사랑하기

[3권 사회생활]
하나님과 함께 세상 속으로 들어가기

[4권 인물탐구-구약]
하나님의 사람 제대로 따라잡기

Season Two

[1권 교리탐구]
하나님께 드리는 나의 신앙고백, 사도신경

[2권 경건생활]
하나님이 내 마음에 새겨주신 명령, 십계명

[3권 사회생활]
예수님이 내게 가르쳐주신 기도, 주기도문

[4권 인물탐구-구약]
하나님의 사람 단박에 따라잡기

Season Three

[1권 교리탐구 플러스]
하나님과 믿음의 교제 다져가기

[2권 경건생활 플러스]
하나님 안에서 건강하게 자라가기

[3권 사회생활 플러스]
하나님과 함께 세상 속에서 바로서기

[4권 인물탐구-신약]
하나님의 사람 알차게 따라잡기

저.자.소.개.

■ 주 집필

이재욱 목사
서울 대방중앙교회 담임, 유스코스타(Youth KOSTA) 강사, 다.세.연. 멘토, 「수련회 카운터펀치를 날리다」(BIM), 「중고등부, 2년 안에 성장할 수 있다」, 「교사를 다시 일으켜 세우는 5가지 힘」, 「부족해도 괜찮아」, 「내 주인의 정원」(이하 좋은씨앗) 저자. cteen@hanmail.net

■ 객원 집필

김용철 목사
서울 신당중앙교회 중고등교육팀

문근식 목사
용인 성서교회 청소년부, 「어? 되네! 청소년 전도」(좋은씨앗) 저자

박건용 목사
서울 대방중앙교회 교육 디렉터, 전 조코재미 PD, BIM 멀티미디어 팀장

이영표 목사
인천 수봉산교회 중등부